給小學生的 漫畫心理學

想贏，但也輸得起

簡簡周 著　機機先生 繪

U0108437

新雅文化事業有限公司
www.sunya.com.hk

哥哥文樂

小學四年級男生。他是一個有點粗心和衝動，常常讓老師頭痛的搗蛋鬼。但他也是一個溫柔善良、有責任心的好哥哥、好同學。

妹妹文心

小學一年級女生。她是一個會鬧脾氣、有點輸不起的小女孩。但機靈乖巧、對人熱心的她，同時是爸媽的貼心小天使、班上的人氣王。

人物
介紹

「天使」小白

小白可能是我們的一些想法、念頭，也可能是一些情緒、感受，還可能是一股幹勁。小白總是用正能量支持着我們。

「惡魔」小黑

小黑雖然代表着悲觀、沮喪等負面的想法、念頭，但這位「惡魔」很真實，反映一部分每個人都無法否認的自我。小黑和小白總是形影不離，但卻水火不容。

目錄

擔心自己考不好 ⋯⋯⋯⋯⋯⋯⋯ 5

爸爸太厲害也是壓力 ⋯⋯⋯⋯⋯ 15

成績不好，媽媽就不愛我了？ ⋯ 23

我是不是太笨了？ ⋯⋯⋯⋯⋯⋯ 33

我真倒霉 ⋯⋯⋯⋯⋯⋯⋯⋯⋯⋯ 43

沒有人理解我 ⋯⋯⋯⋯⋯⋯⋯⋯ 53

別人做什麼都比我強 ⋯⋯⋯⋯⋯ 63

總覺得自己不夠好 ⋯⋯⋯⋯⋯⋯ 71

在同學面前出洋相了 ⋯⋯⋯⋯⋯ 79

我相信我可以做到 ⋯⋯⋯⋯⋯⋯ 87

擔心自己
考不好

擔心自己考不好

怎麼辦？

怎麼考得這麼低分？你看王姨姨的孩子，每次都是一百分……

太可怕了……

我感覺心臟都要跳出來了。

怦怦——

到了晚上……

文樂！
你考了……

7

怎麼才三時半？

唉……

一想到考試就緊張得喘不過氣來。

專心上課會有很大幫助啊！

9

你有沒有發現，有時候越是想做好一件事情，就越會擔心「萬一做不好怎麼辦」，因而變得畏首畏尾，不敢輕易去做？

你是不是也有這樣的時刻呢？你也會像文樂一樣，一臨近考試就緊張、心慌嗎？

1 別把分數看太重，掌握知識是關鍵。

其實，每個孩子都希望自己能考得好成績，但這次考不好，並不代表你下次也考不好，更不代表你不夠好。分數是分數，你是你。

沒有誰永遠不失誤、不犯錯，再厲害的人也一樣。題目答錯了，沒關係，重要的是，要知道自己為什麼錯，怎麼做才是對的，慢慢地，你的知識會掌握得越來越牢固。

2 緩解緊張有方法，行動起來最有效。

要知道，考試前你會緊張、擔心，其他人也會這樣，這都是正常的情緒和反應。

要是太過緊張、擔憂，以致影響到你的學習、生活，那你就要採取一些方法讓自己釋放情緒、放鬆心情。

首先，可以試試深呼吸。

如果你此刻覺得很緊張，可以嘗試深深地吸一口氣，再慢慢地呼出來，讓每一次呼吸的時間都延長。吸氣的時候可以在心裏默唸「吸氣——」，呼氣的時候就在心裏默唸「呼氣——」，多重複幾次，這樣可以有效地讓你不再去想那些還沒有發生的事。

其次，大笑也可以緩解緊張情緒。

想一想，你會在什麼時候哈哈大笑。可以嘗試做一些能夠讓自己開懷的事情，來釋放和調節緊張的情緒。

最後，行動起來，遠離焦慮。

比如，在考試之前列出你每天的溫習計劃，然後按計劃執行。用功複習，胸有成竹，自然就不會緊張。

　　雖然適度的壓力也是一種動力，可能會讓你表現得更好，但考試前過於緊張會影響你的正常發揮。如果想緩解緊張，你可以試一試以下這個遊戲。

「我很好」瓶子

① 找一個透明的瓶子，也可以用洗乾淨的膠瓶，然後在瓶身寫上自己的名字。

② 預備幾張顏色紙，裁剪成一條條，在每張小紙條上寫下各種肯定自己的句子，例如：我很勇敢，我很努力，我可以考得很好⋯⋯

③ 把這些字條放進瓶子裏。每天起牀後，抽出一張字條，對着鏡子大聲讀出來。臨睡前再抽出一張，也大聲把它讀出來。

　小貼士　　盡可能多寫一些肯定自己的字條，它們都是有魔法的語言。在讀出抽到的字條時，也可以回憶一下，你通常在什麼時候會有這樣的感覺，還可以嘗試跟你的爸爸媽媽討論一下這個話題。

在下面記錄你最近一周抽到什麼句子吧。

星期一 _____
星期二 _____
星期三 _____
星期四 _____
星期五 _____
星期六 _____
星期日 _____

想一想，還有什麼好辦法

當你擔心考試時，身體哪些部位會有感覺？你會怎麼具體描述這些感覺呢？

如果可以跟自己對話，你想跟有這種感覺的自己說些什麼？

問題不是只有一種解決方法，或許你還可以找到更多適合自己的好辦法，嘗試把它們寫下來。

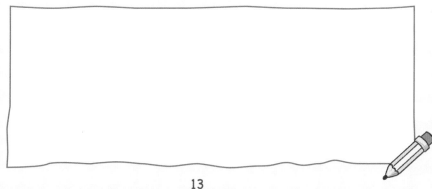

13

爸爸太厲害也是壓力

嘩，是爸爸的博士畢業照！

在你這個年紀，我把字典都背下來了。

我從沒考過第二名。

數學不是很簡單嗎？學起來毫不費力。

爸爸太厲害了。

我也想像爸爸一樣厲害！

字典

洩氣

完全記不住。

17

我一定要好好表現。

萬一表現不好怎麼辦？

爸爸那麼聰明，我是他的兒子，我也很聰明。

那為什麼爸爸做起來很容易的事，我做卻那麼困難呢？

我一定不能犯錯，要讓爸爸看到，我也很厲害。

我真的很害怕爸爸會對我失望。

唉，我真差勁，比爸爸差太遠了。

　　每個孩子都希望自己能滿足爸爸媽媽的期望，相信你也不例外。因此，你可能會擔心自己做得不夠好，會令爸爸媽媽很失望。

　　如果你的爸爸媽媽都是特別優秀、特別厲害的人，那麼你這種擔憂就會更強烈，有時候甚至會讓你不知道如何去面對。

1 你不需要成為誰，你只需要做自己。

　　你會不會一方面很崇拜爸爸媽媽，另一方面又很擔心自己不夠好？如果一直背負着這樣的壓力，你就沒有辦法發揮自己的能力。

　　很多孩子在父母特別擅長的領域反而做得不好，但是你要知道，不是你沒有能力，而是你太過焦慮，怕犯錯，怕被否定，怕被嘲笑……

　　其實，每個人都是獨一無二的。你是爸爸媽媽的孩子，但首先你是你自己。所以，你不需要成為爸爸媽媽的樣子，你只需要成為更好的自己。

2 優秀的表現形式有多種，你也有你的獨特優勢。

　　你只看到了爸爸媽媽很厲害的地方，卻忽略了你身上也有他們在你這個年紀不具備的獨特潛質。

想要找到這些潛質，你還需要一雙善於發現的眼睛。

　　嘗試把焦點放回自己身上：你對什麼事情有興趣？做什麼事情讓你最容易集中注意力？做什麼事情讓你最有成就感？

　　這些問題的答案大概就是你的優勢所在，也是你最獨特的地方，這些都是值得肯定的。

試試這麼做

　　遇到特別厲害的人時，我們很容易失去自信，甚至妄自菲薄。其實，你也有很多還沒有被發現的潛能。

畫出我自己

① 用顏色筆畫出自己的樣子，也可以從舊報紙或舊雜誌上，剪下你需要的元素來拼貼，你可以自己決定細節。

② 每天找一件當天你對自己感到最滿意的事，寫在便利貼上，然後貼在你的畫像上。

③ 如果畫像正面貼滿了，你還可以把它翻過來，貼在背面。

小貼士　　如果畫像兩面都貼滿了，你還可以再畫一個「我自己」，看一看這個「我自己」和之前畫的那個有什麼不同。

寫出十個你與眾不同的地方。如果想不到十個，可以問問父母或朋友，請他們幫忙補充。

① _____　② _____

③ _____　④ _____

⑤ _____　⑥ _____

⑦ _____　⑧ _____

⑨ _____　⑩ _____

想一想，還有什麼好辦法

在你的腦海裏，經常有自我否定的聲音嗎？

你能找到反駁這些聲音的例子嗎？

你能把這些否定自己的聲音，轉化成肯定自己的聲音嗎？

問題不是只有一種解決方法，或許你還可以找到更多適合自己的好辦法，嘗試把它們寫下來。

成績不好，媽媽就不愛我了？

成績不好，媽媽就**不愛我了**？

我想誠實告訴媽媽，我這次考得不太好。

但我害怕媽媽生氣，擔心學業欠佳，媽媽就不愛我。

文心能做到，我也能做到。

為什麼學習這麼難？考試這麼難？

文樂，你在想什麼？快點吃飯。

哥哥一定是考得不好，心虛了。

好了，好了，別鬧了，趕緊吃飯！

這次考得不好沒關係，好好吸取經驗，下次再努力就是了。

真的⋯⋯沒關係嗎？

媽媽，我想告訴你一件事⋯⋯

誰不想考獲好成績呢？學業成績好，老師喜歡，爸爸媽媽開心，多好啊！

可是，如果考得不好，又該如何去應對？

1 爸爸媽媽愛的是你，並不是你的成績。

當父母關心你的學業，對你的成績有所期望時，你一定不想讓他們失望。可能有時你看起來對學習滿不在乎，但內心還是希望自己能考得好成績。這無形中就會給你帶來壓力，讓你擔心，甚至還有可能讓你誤以為爸爸媽媽只愛學業成績好的你，一旦你成績不好，他們就不愛你了。

但這是真的嗎？換個視角去看，你就會發現很多能夠反駁這個想法的事例。其實爸爸媽媽愛你，並不是因為你的學業成績好。

2 學習只是讓你變強大的方式。

我們當然要認真對待自己的學業，盡心學習。每個孩子都需要一邊成長，一邊學習知識、獲取本領，就好像小動物出生後要跟在爸爸媽媽身邊學捕食一樣。只有這樣，你長大之後才有獨立生存的能力，才能選擇自己想要的人生。

一路走來，你可能會遇到難題，也會不斷迎接挑戰，你做好準備了嗎？我相信，如果你擁有豐富的學識和強大的本領，你一定會充滿力量和勇氣，無所畏懼。

如果你已經做好了準備，我為你感到高興。如果暫時還沒有，那也很正常，沒有誰天生就什麼都會，我們要不斷學習和經歷，來幫助鍛煉更強大的自己。

3 打開內心的寶箱，獲得戰勝困難的勇氣。

告訴你一個秘密，每個孩子的內心深處，都藏着一個寶箱，裏面裝滿了智慧、勇氣和力量。只是有時候，這個寶箱會被一些東西掩埋，比如，強烈的負面情緒、想歪了的念頭……

所以，當你遇到困難，感到無助時，或當成績不好，對自己喪失信心時，記得把你的寶箱挖出來，它能幫你渡過難關。

如果你內心感到擔憂，可以試試玩這個遊戲，讓自己平復心情。記得玩遊戲的時候要深呼吸。

許願花園

① 在陽台或窗台上，選一個地方來做許願花園。

② 找一些小石頭，把它們洗乾淨。一部分用來把許願花園的區域圍出來，另一部分可以用顏料塗上你喜歡的顏色，作為神奇許願石，把它們堆在許願花園裏。

③ 把你心裏的煩惱或擔憂帶到許願花園來。深呼吸一口氣，然後對着神奇許願石吐氣，把煩惱、擔憂一起關進許願石裏。

④ 如果覺得還不夠放鬆，可以多深呼吸幾下，重複上一個步驟。

小貼士 你還可以用自己喜歡的飾物來裝飾你的許願花園。

請為你的許願花園拍照，把照片貼在下面，你也可以把它畫出來。

想一想，還有什麼好辦法

如果你擔心學業不好，媽媽就不愛你，就請你試試找三個反駁這個想法的例子。

例 1： _____

例 2： _____

例 3： _____

問題不是只有一種解決方法，或許你還可以找到更多適合自己的好辦法，嘗試把它們寫下來。

我是不是 **太笨了？**

我是不是太笨了？

92——

嘩，我比你跳多了一百下。

哼！

媽媽，我回來了！

媽媽正在跟文心玩遊戲。

把大象塞進雪櫃，一共需要多少步？

三步！

1. 打開雪櫃門。

2. 把大象塞進去。

3. 關上雪櫃門。

雪櫃怎麼可能裝得下大象……

這是腦筋急轉彎，哥哥你真笨！

　　當你感覺有些事情自己怎麼也做不好時，你是不是也會自我懷疑呢？比如，覺得自己不夠聰明，不夠努力，不夠靈活，沒有長處⋯⋯

1 **不要放大不完美，多發現自己的優點。**

　　你會覺得自己有很多不足，也許是聽別人這樣評價過你。如果你信以為真，那麼這些評價慢慢地就會變成你自己心裏的聲音。

　　但真的是這樣嗎？當你陷入對自己的不滿和否定時，你所有的注意力就會集中在自己做得不夠好的事情上，而忽略了你也有擅長的領域。

　　當你拿着放大鏡去找你做得不夠好的地方時，你就會對自己的長處視而不見。

　　其實，每個孩子都是多面的，你也一樣。沒有哪一個單獨的特質可以完全代表你，你有閃閃發光的一面，也有平凡普通的一面。

　　拿別人的優點來跟自己的不足比，對你實在太不公平了！你也要明白，拿你的優點去跟別人的不足比，也是有失偏頗的。

　　當然，我也知道，很多時候你並不願意這麼做，只是控制不住自己。沒關係，分享一個小辦法給你：當再有否定自己的念頭冒出來時，你就想一個肯定自己的例子。比如，當覺得自己太笨時，你就在記憶裏尋找一個自己並不笨的例子。相信我，你一定可以找到！

　　這樣，漸漸地，你會從自我否定中走出來，變得更加有自信，更能接納並認同自己。

你玩過跳飛機嗎？今天我們來改變一下，給它施一點小小的魔法，重溫這個經典遊戲，它會讓你更喜歡自己。

快樂跳飛機

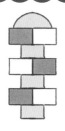

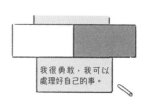

我很勇敢，我可以處理好自己的事。

① 用粉筆在合適的空地上畫出跳飛機的格子：第一排一格，第二排兩格，第三排一格，第四排兩格……依次類推到第七排。格子可以稍微畫大一點，留出寫字的空間。

② 在每個格子上，分別寫下不同的句子，但要全部都是自我肯定的話，比如：我很勇敢，我可以處理好自己的事。

③ 站在起點，從第一格開始，扔出沙包或小石頭，每丟進一個格子，就要一邊說出格子裏的句子，一邊跳進那個格子裏。

小貼士 你可以跟爸爸媽媽或好朋友一起玩這個遊戲，增加互動，增添樂趣。

請你把玩「快樂跳飛機」遊戲的過程記錄下來。
你跳到哪個格子的次數最多？把格子裏的句子寫下來。

看看寫下的句子，想想你在什麼時候是這樣的。

想一想，還有什麼好辦法

你會經常肯定自己嗎？

你通常會在什麼情境下冒出「自己不夠好」的念頭？

你可以想到跟這個念頭相反的例子嗎？如果想到，請把它們都寫下來。

問題不是只有一種解決方法，或許你還可以找到更多適合自己的好辦法，嘗試把它們寫下來。

我真倒霉

我真倒霉

真倒霉，今天出門忘記帶功課，跑回家取後，趕不上校巴，結果遲到了。

答：

真倒霉，如果這題沒錯，我至少可以拿九十八分。

和周姑娘聊聊天 123

有些孩子遇到事情就喜歡抱怨，怨天、怨地、怨別人。偶爾抱怨、發發牢騷很正常，但如果陷入喋喋不休的抱怨中，就要注意了。

1 抱怨不是直抒情緒，也不健康，更不能解決問題。

雖然抱怨也是釋放情緒的方式，但是它不直接、不健康。抱怨會把負面情緒傳遞給別人，並不能幫助你解決問題。越抱怨，越心煩。

總是抱怨，可能一方面是因為情緒沒有及時得到有效抒解，另一方面是因為悲觀的思維方式讓你總對別人、環境抱有懷疑。

2 直接、安全地表達情緒。

當你有情緒時，你會怎樣做？你身邊的大人是否允許你把情緒直接表達出來呢？

如果我們可以自由地表達情緒，高興時大聲笑，難過時大聲哭……這些情緒就會像潮水一樣很快退去，你的自信和力量就會回歸。

但如果我們不能自由地表達情緒，這些情緒就會被封閉在我們內心，或是通過其他形式間接地發洩出

來，比如，抱怨、哼哼唧唧，或是借題發揮來洩憤等。

　　想要調整，最重要的是重新認識自己的情緒，並為它們尋找直接、安全的表達方式，而不是一味地壓抑、抗拒、隱藏。

3 **想要抱怨時，換一個角度來想問題。**

　　每當想要抱怨時，反思你的想法，嘗試找出其中的邏輯錯誤。比如，當你上課聊天被老師發現時，把「我真倒霉」的想法轉換角度：我有時還未能好好控制自己，做到上課不分心，但幸虧有老師的提醒。

　　行動起來，試試看，不要讓抱怨繼續消耗你的能量。

用輕鬆的遊戲來釋放情緒，既好玩又有效，趕緊來試試吧。

真幸運和真倒霉

① 拿一副撲克牌，從裏面抽出十張。

② 任意排列這十張牌，然後圍繞這些牌編一個故事，每張牌編一句話。

③ 第一張牌要講一件幸運的事，第二張牌則要把故事轉向不幸的一面。就這樣輪流用「真幸運」和「真倒霉」的事，讓故事情節發展下去，直到將十張牌編完。

請把你覺得最幸運的事記錄在下面，並同時繪畫出來。

你喜歡抱怨嗎？

當你抱怨時，你身邊的人有什麼反應？

除了抱怨，你還有其他方式來表達你的情緒和需求嗎？

問題不是只有一種解決方法，或許你還可以找到更多適合自己的好辦法，嘗試把它們寫下來。

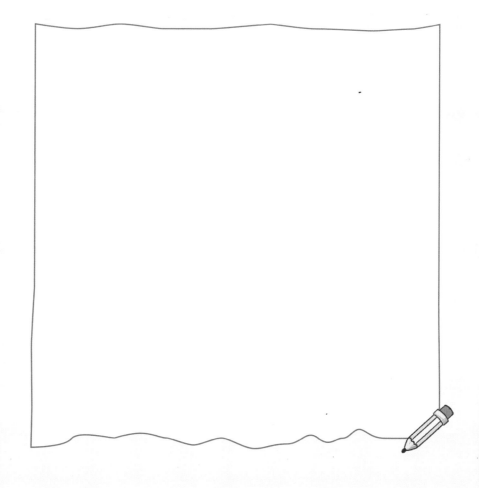

沒有人
理解我

沒有人理解我

對不起，你們剛剛點的冰淇淋已經賣完了……

沒有就算了，你哭什麼？

嗚——

媽媽……

就算媽媽在這裏，她也變不出冰淇淋來。

嗚——

聽到想吃的冰淇淋賣完了，我很失望。

媽媽出差這麼久還不回來，我很難過。

爸爸不喜歡看到我哭，可我就是控制不住。

我很想媽媽，所以忍不住哭出來了。

爸爸只會說我不是，一點都不理解我。

我很希望爸爸能明白我的感受。

不要再發脾氣了。

哼！

和周姑娘聊聊天 123

很多心情、想法和感受，一時之間很難說清楚。這時，如果有人能幫你表達出來，你可能會有被理解的感覺。

可有些時候，這些內在的感受和想法沒被人看到，也沒被人關注。即使你能夠把它們清楚地表達出來，它們也可能不被理解和接受。

你有過不被理解的經歷嗎？當你不被理解時，你有什麼感受？當時你是怎樣應對的？

1 每個人都渴望被關注、被理解，你的感受並不另類。

其實，無論是大人還是孩子，都渴望被關注、被理解。

在不被理解時，你可能會感到挫敗、憤恨、受傷，甚至產生強烈的孤獨感。

有些孩子會因此做出對抗的行為，即使這些行為有可能會為自己帶來更多麻煩。

還有些孩子會因為擔心不被理解，就算有什麼想法，也不敢或不願表達出來，慢慢地形成了不表達、不溝通的習慣，這樣就更難得到別人的理解了。

2 及時識別和了解不被理解時所產生的情緒。

　　不管是誰，都沒有辦法保證總能獲得別人的理解。這個時候，我們就需要學會處理和應對自己的情緒。

　　可能是失望，可能是孤單，也可能是其他情緒。不管是什麼樣的情緒，首先你需要嘗試去識別和了解這些情緒，並把它們描述出來。

3 清晰、直接地表達自己的感受和需要。

　　你還需要掌握有效的溝通方式。拐彎抹角地表達很容易造成誤解，越是希望別人理解自己，越要學會清晰、直接地表達自己的感受和需要。

　　此時此刻，你特別希望身邊的人怎麼做？與其等着別人來猜，倒不如直接講出來。由別人來猜，還很可能會猜錯呢。

　　很多情緒，我們自己也說不清楚，但它們通常跟身體有關聯。當我們有不同情緒時，身體內部就會發出不同訊號。一起來試試，找出你身體的情緒訊號吧。

身體之歌

① 挑選三首風格差異很大的歌曲，分別有不同的節奏和情緒：一首歡樂輕快、一首激昂動感、一首悲傷緩慢。

② 找一張白紙，畫一幅自己的「身體示意圖」。分別聽這三首歌的時候，觀察身體哪些部位有什麼樣的反應，並用不同顏色筆代表不同的感受，畫在「身體示意圖」的對應位置。

③ 嘗試辨識一下，這些歌曲分別給你的身體帶來哪些不同或是相同的感受。

小貼士　　　你還可以把這些身體感受和情緒關聯起來，比如，擔心、生氣、委屈、快樂……

請把你的「身體之歌」歌單在下方列出來。你還可以多選一些不同風格的歌曲，來感受身體的變化。

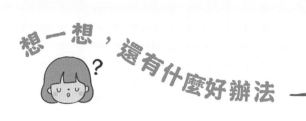
你有沒有試過被深深理解？嘗試描述一下當時的細節。

哪些時刻會讓你感覺不被理解？

你覺得自己還可以做些什麼，以便別人理解你？

問題不是只有一種解決方法，或許你還可以找到更多適合自己的好辦法，嘗試把它們寫下來。

別人
做什麼
都比我強

別人做什麼都比我強

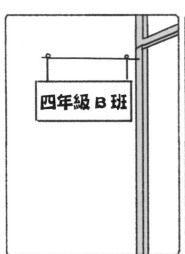

恭喜李澤同學獲選為「傑出學生」，他品學兼優，是大家學習的榜樣。

獎狀

他性格還很好呢。

他考試總是滿分。

他的大腦是電腦做的吧？

啪啪啪啪—— 啪啪啪——

沒錯，李澤真優秀，他是怎麼做到的呢？

恭喜第一個衝線的同學——李澤！

過了半天……

不行了，我要累死了，李澤怎麼那麼厲害？

文樂班上有個叫李澤的同學，我聽他媽媽說，他鋼琴比賽得到冠軍呢。

真不簡單啊！

李澤是我的同學，我真替他高興。

想到他做什麼都比我強，還是有點沮喪。

我很高興有這麼優秀的同學。

跟他站在一起，覺得很有壓力。

很希望我可以像他一樣厲害。

我不行，對他來說很簡單的事，對我來說實在太難了。

唉，看來我這輩子都趕不上他了。

　　看到別人比自己強，你可能會替他高興，但也可能會產生失落、自怨、自責等情緒，甚至羨慕他、嫉妒他、憎恨他。

　　你知道嗎？有一種傷害來自和別人比較。這種傷害可能會給大部分孩子帶來心理壓力，甚至造成心理陰影。但是，比較似乎無處不在，不僅許多大人比來比去，孩子也總會默默在心裏和朋友、同學比較。

　　你常常主動或被動地與他人比較嗎？這樣的比較，對你產生了怎樣的影響呢？

1　以偏概全的比較，只能得出片面的結論。

　　比較往往存在盲點。每個孩子都是獨一無二的個體，各有長處和短處，本就沒有什麼需要比較。就好像有些孩子外向活潑，有些孩子內向沉穩，無所謂好壞。

　　比較會讓我們不由自主地忽略自己的長處，拿自己的短處去跟別人的長處作對比，然後得出片面的結論：自己什麼都不如別人。這是以偏概全，會讓我們產生自卑、自責、沮喪、失望，甚至嫉妒等痛苦的感受。

　　若用自己的長處去跟別人的短處比較，我們會得到優越感，但這其實只是空中樓閣，因為此刻我們同樣也看不見別人的優點和獨特的地方。

要知道，掉進「比較」的陷阱後，你往往就會把注意力聚焦到別人身上，而不是放在你自己身上。

多想一想，你對什麼感興趣？你擅長什麼？什麼對你來說是重要的？認識自己、了解自己，是每個人必修的功課。你要努力成為更好的自己，而不是比誰強的某某某。

試試這麼做

很多時候，別人眼中的自己跟我們眼中的自己會有很大落差。嘗試做一個專屬於你的「自我盒子」，由內而外地看一看，到底哪個才是更真實的你。

自我盒子

① 找一個紙巾盒或鞋盒，再找一些舊雜誌或舊報紙。

② 在盒子上寫上你的名字，並從舊雜誌、舊報紙上剪下能夠代表你的元素。也可以找一些好看的貼紙，裝飾你的「自我盒子」。

③ 在盒子的外部貼上能代表「別人眼中的你」的元素。

④ 在盒子的內部貼上能代表「你眼中的自己」的元素。

小貼士　貼好之後可以仔細看一看你的「自我盒子」，看看有沒有需要調整的地方或是拼貼錯誤的地方。如果有，請嘗試調整。

為你的「自我盒子」拍照，把照片貼在下方的空白處，
你也可以把它畫下來。

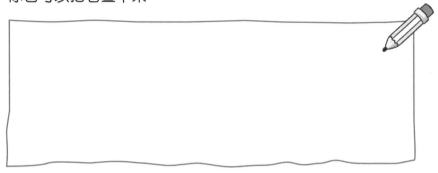

想一想，還有什麼好辦法

你覺得自己是個什麼樣的孩子？

你最喜歡自己身上的什麼特質？

你能列出十件自己感興趣或是擅長的事情嗎？

問題不是只有一種解決方法，或許你還可以找到更多
適合自己的好辦法，嘗試把它們寫下來。

總覺得自己不夠好

唉，文樂，為什麼你樣樣都不如別人啊？

上周……

李澤考試一百分。

我的成績比李澤差太遠了。

74

有些孩子常常自責，總覺得自己渾身上下都是缺點，好像做什麼事情都不行。你也常常自我否定，認為自己一無是處嗎？

1 每個人都有優點和缺點，別只盯着自己的短處看。

其實，每個孩子無論是能力、性格、喜好，還是成長的經歷、想法，都不同。即使是兄弟姊妹之間，也會有很大差異。

而且，世界上沒有人只有優點而沒有缺點，更沒有人只有缺點而毫無優點。如果你只看到自己沒有把事情做好，或只着眼於自己不擅長的事，那就有可能錯過了發現自己優點的機會。

2 全面了解自己，別輕易給自己貼標籤。

你覺得你很了解自己嗎？

很多孩子習慣通過別人，尤其是爸爸媽媽或其他親近的成年人，所給予的評價來了解自己。比如，你可能聽過「你很聰明」、「你真懂事」這樣的誇讚，也可能聽過「這麼粗心」、「太馬虎了」等評價。然後，你也許就會覺得「我就是一個粗心、馬虎的

聰明人」。

這些聲音可能是善意的，但未必全面。就好像你犯過一次錯誤，並不代表你就是一無是處的人。更何況，你還可以從錯誤中吸取教訓，讓自己變得更好。這樣看來，犯錯也不全是壞事，對吧？

總之，一定不要輕易給自己貼標籤，也不要用單一的標準來定義自己。

3 別刻意找自己的缺點，多想想自己的優點。

從今天開始開始，不要再想辦法找自己的缺點了，多想想你有哪些優點，你擅長什麼。你會發現，其實你真的很厲害。

　　如果你經常覺得自己不夠好，試試製作一個「雙面面具」。在製作過程中，你會發現自己更多特質，也會更了解自己。

雙面面具

① 在硬卡紙上畫一個和自己的臉差不多大小的面具，把它剪下來，再剪出眼睛和嘴巴。然後在面具兩側挖兩個小洞，穿上繩子或橡皮圈。

② 找一些舊報紙或舊雜誌，從上面剪下你需要的圖片或文字。

③ 把能夠代表別人對你的看法的圖片或文字，貼在面具的外面；把代表你內心感受的圖片或文字，貼在面具的裏面。

小貼士　如果覺得從報紙、雜誌上搜集得來的元素不夠用，你也可以用顏色筆和貼紙在面具上添加補充。

請在下面空白的地方畫出你的自畫像，寫上你心目中理想的自己是怎樣的。

姓名：_____　　　年齡：_____

做什麼事情令你感覺到很有自信？

你最擅長的事情是什麼？

嘗試說出三個你欣賞自己的地方。

問題不是只有一種解決方法，或許你還可以找到更多適合自己的好辦法，嘗試把它們寫下來。

在同學
面前
出洋相了

在同學面前出洋相了

今天，我們進行立定跳遠測試……

跳遠我最擅長了。

今天兩班同學一起測試。

很多人啊！

大家會不會封我為「跳神」呢？

輪到我了。

深呼吸，預備——

喀喇——

糟糕，我的褲子破開了！

簡直丟人，很想挖個地洞爬進去。

那裏很多人在看，真的很尷尬。

和周姑娘聊聊天　123

　　每個孩子都希望能在他人面前很好地表現自己，還有些孩子甚至希望自己在他人眼中是完美的，大人也一樣。

　　當現實與願望背道而馳時，我們就會感到尷尬。那麼，該如何認知並化解這種情緒呢？

1　要明白，尷尬是對自己不夠完美的苛責。

　　當意外暴露自己的缺點、不足，或是不小心讓他人看到了我們不想被看到的一面時，我們就會覺得尷尬，繼而引發自責、緊張、焦慮、無措等複雜的情緒，以及臉紅、出汗、坐立不安等不舒適的生理反應。

　　可以說，尷尬之所以能成為這些情緒及反應的開關，是因為它是一種特殊的羞恥感，是我們對自己不夠完美的苛責。

2　自我調侃，輕鬆化解尷尬。

　　和其他負面情緒一樣，想要化解尷尬，就得先承認並面對它。如何才能做到這一點呢？有一個簡單但很有效的方法：當眾出洋相時，你不妨立即大大方方地說一句：「哎呀，現在真的很尷尬呀！」

這樣自我調侃一番，說不定不但可以輕鬆化解尷尬，幫你擺脫窘境，還可以展示出你的幽默大方，拉近你和同學們的距離。

當然，化解尷尬的方法有許多，你還可以轉移話題或者乾脆快速離開，這也可以幫助你有效地化解尷尬。

3 與自己和解，告別尷尬。

最重要的是，你怎麼看待自己。當你不再苛責自己，勇於接納自己時，你就不那麼在意別人對你的評價了，那對你來說，尷尬也就沒有那麼大的影響力了。

面對出洋相等尷尬的情況時，別忘了提醒自己，你仍然有很多特質值得欣賞、喜愛。

鏡子留言

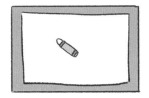

① 在白紙上畫一個鏡框，然後用白色蠟筆在鏡框裏寫下所有你認為自己值得獲欣賞的優點和特質。

② 寫完之後，用你喜歡的水彩在上面自由地塗色。

③ 紙上的白色文字，會慢慢顯現，並逐漸變得清晰。然後，你可以試着把這些文字讀出來。多讀幾遍，看看有什麼神奇的事情發生。

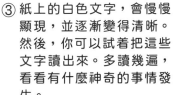

小貼士　你還可以邀請爸爸媽媽在鏡框裏寫下他們認為你所擁有的優點和特質，然後由你來塗上水彩，讓這些「秘密」逐漸顯現。

你可以把別人眼中你所擁有的優點和特質全都記錄在下面的鏡框裏。

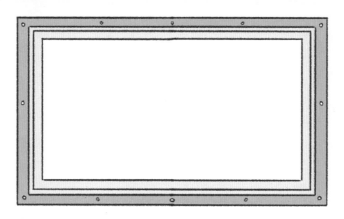

當你覺得尷尬時，留意一下你會有什麼負面想法？

有哪些理由可以反駁你的這些想法？

你可以做些什麼，讓自己不那麼尷尬？

問題不是只有一種解決方法，或許你還可以找到更多適合自己的好辦法，嘗試把它們寫下來。

我相信我可以做到

這次班際詩詞大賽，你就代表我們班參加吧。

我嗎？我真的可以嗎？

你平時就很喜歡讀詩詞，試試吧。

壓力

我行嗎？

我行嗎？

文樂內心的「天使」和「惡魔」交戰了很久。

我相信我可以做到！

在家背⋯⋯　　小息背⋯⋯　　走路也背⋯⋯

班際詩詞大賽

白日依山盡……

恭喜文樂獲得全校第三名！

嘩，文樂好棒！

大家要向文樂同學學習。

其實也沒有那麼困難，是我之前把困難想得太大了……

　　有些孩子遇到困難，第一個反應就是逃避，還沒嘗試就輕易放棄了，可能是因為擔心失敗了會丟人、被批評。於是，他們乾脆什麼也不做，那就不用去面對不好的局面了。也可能是因為他們沒有辦法處理和消化失敗帶來的挫敗感，覺得自己一無是處，糟糕透頂。

　　但逃避之後，他們可能仍然會覺得不開心，還會感到有點遺憾。而且，越逃避，越沒有機會去積累經驗，慢慢地，就更加不敢嘗試了。

　　相反，有些孩子不怕困難，雖然在遇到挑戰時也會緊張焦慮，會擔心失敗，但依然願意去嘗試，因為他們相信自己一定可以做到。哪怕這次失敗了，也可以為下一次累積經驗。

　　你面對困難、挑戰的態度和方法是什麼呢？

1 自由玩耍，增加應對困難、挑戰的勇氣。

　　如果你很難篤定地説出「我相信我可以做到」，沒關係，別責怪自己，這不代表你不好，只是表明你可能被一些情緒絆住了，需要支援和幫助。不管你正在上幾年級、今年有多大，放鬆心情去玩一會兒吧，這對於抒解情緒、增強力量、獲得自信都會很有幫助。

2 一點點累積成功經驗，儲備自信的能量。

　　如果面對挑戰時緊張無措，甚至想要逃避，那說明你可能還需要累積一些成功經驗，來幫你獲得信心。

　　選擇一個遊戲，從你能夠接受的難度開始挑戰，如果還是覺得任務太難，你也可以將任務拆解，然後從簡單的部分開始玩。累積點滴的成功經驗，能讓你慢慢放下對失敗的擔憂和恐懼。

3 還是無法獨自面對挑戰，記得積極求助。

　　如果你還是覺得獨自面對挑戰很難，記得一定要主動向爸爸媽媽或是其他你信任的成年人尋求幫助，告訴他們你在學習或生活中遇到的困難，相信大人們能給你恰當且有效的建議。

感受與世界的連結，可以讓你更加自信。試試在放學後或開始做功課前進行這項活動吧。

帶着感覺散步

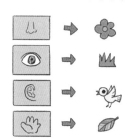

① 散步時，一直留意自己的感覺。

② 從周圍的環境，分別找出你的嗅覺、視覺、聽覺、觸覺所感知到的事物，每種感覺找三件事物。

③ 最後再仔細體會一下自己一路上的感覺有哪些變化。

小貼士　你也可以邀請家人一起散步，在路上向他們講述你感受到的一切。

請把你一路上的感覺記錄下來。

寫出或畫出你鼻子聞到的：	寫出或畫出你眼睛看見的：
寫出或畫出你耳朵聽見的：	寫出或畫出你雙手觸到的：

想一想，還有什麼好辦法

你覺得自己是一個有自信的人嗎？

做什麼事情會讓你感到有自信？

當感到不自信時，做些什麼可以幫你找回自信？

問題不是只有一種解決方法，或許你還可以找到更多
適合自己的好辦法，嘗試把它們寫下來。

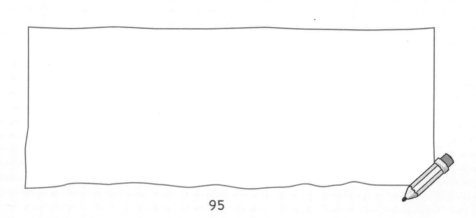

給小學生的漫畫心理學
想贏，但也輸得起

作　　者：簡簡周
繪　　圖：機機先生
責任編輯：黃稔茵
美術設計：劉麗萍
出　　版：新雅文化事業有限公司
　　　　　香港英皇道499號北角工業大廈18樓
　　　　　電話：(852) 2138 7998
　　　　　傳真：(852) 2597 4003
　　　　　網址：http://www.sunya.com.hk
　　　　　電郵：marketing@sunya.com.hk
發　　行：香港聯合書刊物流有限公司
　　　　　香港荃灣德士古道220-248號荃灣工業中心16樓
　　　　　電話：(852) 2150 2100
　　　　　傳真：(852) 2407 3062
　　　　　電郵：info@suplogistics.com.hk
印　　刷：中華商務彩色印刷有限公司
　　　　　香港新界大埔汀麗路36號
版　　次：二〇二四年一月初版
　　　　　二〇二四年九月第二次印刷

ISBN：978-962-08-8296-8
Traditional Chinese Edition © 2024 Sun Ya Publications (HK) Ltd.
18/F, North Point Industrial Building, 499 King's Road, Hong Kong
Published in Hong Kong SAR, China
Printed in China